Heribert Haberhausen
Miteinander füreinander

Heribert Haberhausen

Miteinander füreinander

Kurze Spielstücke für Gemeindeleben und Gottesdienste

Mit einem Vorwort von Willi Hoffsümmer

Schwabenverlag

VERLAGSGRUPPE PATMOS
PATMOS
ESCHBACH
GRÜNEWALD
THORBECKE
SCHWABEN
VER SACRUM

Die Verlagsgruppe
mit Sinn für das Leben

Die Verlagsgruppe Patmos ist sich ihrer Verantwortung gegenüber unserer Umwelt bewusst. Wir folgen dem Prinzip der Nachhaltigkeit und streben den Einklang von wirtschaftlicher Entwicklung, sozialer Sicherheit und Erhaltung unserer natürlichen Lebensgrundlagen an. Näheres zur Nachhaltigkeitsstrategie der Verlagsgruppe Patmos auf unserer Website www.verlagsgruppe-patmos.de/nachhaltig-gut-leben

Alle Rechte vorbehalten
© 2025 Schwabenverlag
Verlagsgruppe Patmos in der Schwabenverlag AG
Senefelderstr. 12, 73760 Ostfildern
kundenservice@verlagsgruppe-patmos.de
www.schwabenverlag-online.de

Mitarbeit: Dagmar Daidok
Umschlaggestaltung: Finken & Bumiller
Umschlagabbildung: Yunus Tug / unsplash
Satz: Schwabenverlag AG, Ostfildern
Druck: CPI books GmbH, Leck
Hergestellt in Deutschland
ISBN 978-3-7966-1868-0

Inhalt

Ein Wort zuvor *(Willi Hoffsümmer)* 7

Anmerkung des Autors 8

Das ist Beten *(Gebet, Versöhnung)* 9
Gehalten – immer *(Leben, Grundvertrauen)* 11
Dominosteine *(Gutes zieht Gutes nach sich)* 13
Füreinander da sein *(Vorurteile, mit dem Herzen sehen)* .. 16
Christ sein *(Respekt, Nächstenliebe)* 19
Auszeit nehmen *(Entspannung, Ausgleich)* 21
Flügel verleihen *(Motivation, Grundvertrauen)* 24
Ein Auge zudrücken *(Augenmaß, Menschlichkeit)* 26
Zusammenstehen und aufstehen *(Neubeginn)* 29
Antenne zur Außenwelt *(Vertrautheit, Grundvertrauen)* .. 32
HAB LIB *(vorschnelles Urteil, Versöhnung, Eltern/Kind)* .. 35
Nicht auf Lager *(gemeinsame Zeit, Eltern/Kind)* 38
Gute Erziehung *(Großzügigkeit)* 41
Gönnen können *(Selbstsucht, Missgunst, Dankbarkeit)* ... 44
Für immer und ewig *(Altwerden, Gelassenheit)* 47
Sie können stolz sein *(Ehrlichkeit, Weihnachten)* 50
Abstand vom Alltagsgeschehen *(Auszeiten)* 52
Ich kann auch noch andere *(gemeinsame Zeit, Einfachheit)* 54

Sag niemals nie *(Pfiffigkeit)*	57
Du bleibst immer du *(Mobbing, Selbstachtung)*	60
Freunde, wahre – echte *(an jemanden glauben)*	63
Fotos von Gott *(Gottesbegegnungen)*	65
Ein Engel mehr *(Hoffnung über den Tod hinaus)*	68
Füreinander – Miteinander *(Gemeinschaft, Weihnachten)*	71
Millionen Mal *(Weihnachten)*	73
Gelebte Botschaft der Krippe *(Weihnachten, Geschwisterlichkeit)*	77
Ihm hättest du helfen können *(Weihnachten, Nächstenliebe)*	80
Jesus ist unser Bruder geworden *(Weihnachten)*	84
Geschichten zu den Spielstücken	86

Ein Wort zuvor

Ein szenisches Spiel prägt sich tief in unsere Erinnerung ein, tiefer als ein gesprochenes Wort oder ein gezeigtes Bild – vor allem auch für die, die in das Spiel eingebunden sind –, weil es in tiefere, seelisch-gemüthafte Schichten vordringt. Das bestätigen Verhaltensforscher, die schon vor Jahrzehnten herausfanden: Der Mensch merkt sich 20 Prozent dessen, was er hört; 30 Prozent dessen, was er sieht; 50 Prozent dessen, was er sieht und hört; 70 Prozent dessen, was er selbst sagt und 90 Prozent dessen, was er tut (nach Magda Kelber). Bei der heutigen Reizüberflutung hat sich allerdings ein Wert verändert: Der Mensch merkt sich nur noch zehn Prozent von dem, was er hört!

Es wird also höchste Zeit, bei der Wertevermittlung in der Kirche, in der Schule oder bei Festen kurze Spielszenen einzubauen, um das Gehörte entscheidend zu vertiefen.

Willi Hoffsümmer

Anmerkung des Autors

Dieses Buch will mithelfen, das Gemeindeleben lebendig zu gestalten. Für viele Gläubige ist die Kirche nicht mehr Heimat, sie fühlen sich nicht mehr geborgen. Darum aber geht es.
    Das Miteinander sollte lebendiger werden. Etwa der Kirchenchor, Sakramentenkatechesen, Gemeindefeste oder die Treffen nach dem sonntäglichen Gottesdienst leisten dafür unverzichtbare Beiträge.
    Dieses Buch will anregen, dort, wo Menschen sich treffen, kurze Spielstücke einzuüben und aufzuführen, vielleicht sogar in der Gemeinde eine feste Theatergruppe zu gründen. Das kann Gottesdienste und Gruppentreffen, Gemeindeversammlungen und Feiern bereichern. Es ist nur ein Baustein, das Gemeindeleben mehr zu aktivieren. Aber jeder Beitrag ist wichtig.

Heribert Haberhausen

Das ist Beten

Themen: Gebet, Versöhnung
Personen: zwei Männer mit Smartphones, ein Pfarrer
Kulisse: Kirche

Zwei Männer sitzen vorn im Kirchenraum und betrachten Fotos auf ihren Smartphones.

JÜNGERER: Hier waren wir auf Juist. Damals noch die ganze Familie. Die Mutti versuchte, unserer kleinen Schwester das Schwimmen beizubringen.

ÄLTERER: Das Bild hier zeigt unseren Einzug ins neue Haus. Unsere Eltern haben uns ein schönes Zuhause geschaffen. Jeder von uns hatte ein eigenes Zimmer und für alle gab es den wunderbaren Garten mit großem Pool.

JÜNGERER: Hier Vatis Kampf mit der Bratwurst. Da lebten Vater und Mutter noch.

Die Männer umarmen sich. Durch den Mittelgang nähert sich ihnen von hinten der Pfarrer.

PFARRER *erbost*: Sie verwechseln unser Gotteshaus mit Ihrem Wohnzimmer. Dies ist ein Haus zum Beten und keine Telefonzelle.

ÄLTERER: Bitte setzen Sie sich einen Moment zu uns! *Er rückt zur Seite und erklärt sanft:* Wir haben gebetet.

Der Pfarrer schüttelt den Kopf.

JÜNGERER: Wirklich! Wir kommen gerade von der Testamentseröffnung. Unser Vater hat fast das gesamte Vermögen unserer Schwester vermacht. Uns bleibt nur der Pflichtteil. Wenn sie sich als Kind auf seinen Schoß gesetzt hat und ihm ihr »Papilein« ins Ohr säuselte, ihm um den Bart ging, den er nicht hatte … *Er lacht trocken* … dann schmolz er wie das Eis in der Sonne.

ÄLTERER: Unser Vater liebte uns auch – auf seine Weise!

JÜNGERER *höhnisch:* Sogar sehr!!! Haha! Ihre Weihnachts- und Geburtstagsgeschenke waren immer größer und reichlicher als unsere. Ihr Abitur haben wir im Rosengarten gefeiert, unseres dagegen im Partykeller bei Flaschenbier und Knabbergebäck.

PFARRER: Sie sagten, Sie haben gebetet.

ÄLTERER: Ja, haben wir. Und jetzt will mein Bruder unsere Schwester zum Versöhnungsessen einladen, ihr die Hand reichen, was er beim Nachlassgericht nicht gemacht hat.

Er schaut den Pfarrer lange an. Jesus prophezeit: Nicht jeder, der zu mir sagt: *Herr, Herr!* wird in das Himmelreich eingehen, sondern wer den *Willen meines Vaters* im Himmel *tut.* Demnach heißt Beten: Vergeben, Vertragen, Versöhnen, heißt Leben mit Gott!

Gehalten – immer

Themen: Leben, Grundvertrauen
Personen: zwei Männer
Kulisse: Atelier; an der Wand hängen Bilder, andere stehen auf dem Boden. Auf einer Staffelei lehnt eine Skizze, an der ein Maler steht.

Ein Mann tritt ein.

MANN: Ich heiße Klaus-Peter Klasberg. Böse Zungen nennen mich auch Klausi, der Kleinkarierte. Aber um ein guter Kaufmann zu werden, braucht man ein feines Näschen, ein glückliches Händchen, ein gutes Bauchgefühl. Ich hoffe, ich habe das bei diesem Kauf auch.

MALER: Was kann ich für Sie tun?

MANN: Ich will ein Bild in Auftrag geben – als Geschenk zur Goldenen Hochzeit meiner Eltern. Ja, so ein Leben in 50 Jahren ist voller Freud und Leid, schöner und schlechter Momente, bei ihnen aber ein immerwährendes Miteinander. Darum soll das Bild das Leben zeigen. Schaffen Sie das?

MALER *nickt*: Ich denke schon.

MANN: Sie können sich Zeit lassen. Sie haben freie Hand. Ich hole das Bild am 5. Juli ab, eine Woche vor dem Hochzeitstag meiner Eltern. Ich will es ihnen zu ihrem Ehrentag überreichen.

Die Männer verabschieden sich.

Die Bühne wird abgedunkelt. Musik spielt.

MANN *geht die Treppen zur Bühne hinauf. Er fragt sich laut:* Was erwartet mich? Hat der Maler den Lebensbaum gemalt? Einen Baum, stark und knorrig, biegsam und elastisch, aber tief verwurzelt? Oder zeigt das Bild den Lebensweg, manchmal krumm, manchmal geradlinig, mal steil bergauf oder sanft bergab?
Oder das Wasser, Quelle allen Lebens? Ohne das gäbe es die Tier- und Pflanzenwelt nicht, auch nicht den Menschen, wäre die Welt öd und leer.

Die Männer treffen sich vor der Staffelei.

MALER *enthüllt das Bild.*

MANN *verwundert:* Eine Schaukel???

MALER: Ja, eine Schaukel. Sie symbolisiert das Leben am besten. Sie ist immer in Bewegung. Wenn Kinder auf ihr toben, Liebende darauf sitzen oder der Wind sie treibt. Ja, immer in Bewegung wie die Erde, die Planeten, das ganze Universum. Eine Schaukel erreicht Höhen und Tiefen, mehr Höhen als Tiefen. Aber wenn ich ein Tief durchlebe, bin ich sicher, dass ich gehalten werde.

Dominosteine

Thema: Gutes zieht Gutes nach sich
Personen: junge Frau, junger Mann, Seniorin
Kulisse: Gaststätte

Die Seniorin betritt mit Regenmantel und Schirm das Lokal.

JUNGE FRAU *kehrt der Dame den Rücken zu, da sie Gläser ins Regal stellt.* Wir schließen gleich, Sie sehen ja, die letzten Gäste sind schon gegangen. Ich stelle nur noch ein paar Gläser weg.
Sie dreht sich zur Seniorin um.
Sie sind ja pitschnass. Ziehen Sie erst mal Ihren Mantel aus und legen Sie den Schirm weg. Hier an der Heizung können Sie sich ein bisschen aufwärmen.

SENIORIN: Ich war auf einer Veranstaltung. Habe den ganzen Tag noch nichts gegessen und bin daher sehr hungrig. Kann ich wohl noch etwas zu essen bekommen?

JUNGE FRAU: Die Küche ist schon geschlossen. *Sie zögert.*
Aber ich will mal nachsehen, ob ich noch irgendetwas finde.
Sie verschwindet und ruft aus dem Nebenraum: Hier sind noch Kartoffelsalat und eine Frikadelle. Ein paar Gewürzgurken kann ich noch dazulegen. Wäre Ihnen das recht?

SENIORIN: Ja, sehr sogar!

JUNGE FRAU *bringt das Essen.* Ich bin ja eigentlich schon in Mutterschutz. Aber ich helfe hier aus, wenn Not am Mann ist. Und um noch etwas Geld für die Erstausstattung zu verdienen wie Strampelhosen und Windeln, Rasseln und Schnuller. Dazu fehlen mir noch 250 Euro. Haben Sie Kinder?

SENIORIN: Ja, zwei.

JUNGE FRAU: Na, dann wissen Sie ja, was da so alles zusammenkommt.

JUNGER MANN *tritt ein:* Hallo!

JUNGE FRAU: Das ist mein Mann. Er holt mich ab.

JUNGER MANN *begrüßt die Seniorin herzlich.*

JUNGE FRAU: Kennt ihr euch?

JUNGER MANN: Sie stand an der Straße wie ein begossener Pudel und hielt den Daumen hoch.

SENIORIN: Es war bei dem Sauwetter kein Taxi zu bekommen. Ich hätte noch Stunden auf den Bus warten müssen. Ihr Mann war so freundlich, mich mitzunehmen, und kommentierte das so: Besser schlecht gefahren als gut gelaufen. *Sie isst.*

JUNGER MANN: Wie war dein Tag?

JUNGE FRAU: Ziemlich stressig. Es war viel los.

JUNGER MANN: Du solltest dich mehr schonen, dir und unserem Kind mehr Ruhe gönnen.

JUNGE FRAU: Schlingen Sie Ihr Essen nicht so hastig herunter! Sonst liegt es schwer im Magen.

SENIORIN: Ich will doch nur, dass Sie endlich Feierabend haben. *Sie legt das Besteck beiseite.*

Danke. *Sie verlässt den Raum.*

JUNGE FRAU: Das hätte ich jetzt nicht gedacht, dass sie ohne zu bezahlen geht.

JUNGER MANN *hebt den Teller hoch und zeigt auf das Geld unter der Serviette. Dort liegen 250 Euro.* Nicht ganz, ohne zu bezahlen. *Er sieht sie an:*

Ein gutes Werk ist wie ein Dominostein, wenn man an das Gute im Menschen glaubt. Es führt zu einer Kettenreaktion der guten Taten – eine löst die nächste aus.

Füreinander da sein

Themen: Vorurteile, mit dem Herzen sehen
Personen: Elternpaar, junge Frau (Tochter)
Kulisse: gedeckter Kaffeetisch, vier Stühle

Es klopft. Die Eltern treten ein.

TOCHTER *umarmt sie zur Begrüßung:* Unser Freund Ferdinand sagt immer, das Beste, das man von einer Reise mitbringen kann, ist die eigene heile Haut. Wie ich sehe, seid ihr gesund und wohlbehalten von eurem Ausflug zurückgekehrt.
Sie macht eine einladende Geste: Setzt euch bitte!

Die Eltern setzen sich an den gedeckten Tisch.

TOCHTER *schenkt Kaffee ein:* Auf Kuchen legt ihr ja keinen Wert. Nun erzählt mal!

VATER: Das war ja nur eine kurze Reise durch Bayern, aber eine sehr schöne. Am meisten haben wir die vielen Barockkirchen bewundert. Der Höhepunkt war die Wieskirche. Dort haben wir sogar ein Orgelkonzert erlebt.

MUTTER: Die gebuchten Hotels waren ordentlich und solide, das Abendessen gut, das Frühstück mehr als reichlich.

Vater: Der Busfahrer fuhr zu Mittag stets ein gemütliches Gasthaus an, in dem wir unter drei Essen auswählen konnten, immer auch ein vegetarisches.

Mutter: Die jungen Leute haben sich abends oft noch auf ein Gläschen Wein oder Bier in geselliger Runde getroffen. Wir Älteren sind dann schon zu Bett gegangen, angeblich weil wir zu müde waren, eigentlich aber, weil wir nicht so kontaktfreudig sind.

Tochter: In der letzten Woche hat dazu bei mir ein Umdenken eingesetzt.

Eltern *schauen erstaunt*: Wieso, was ist passiert?

Tochter: Als Sozialarbeiterin musste ich einer jungen Frau helfen, nicht in die Schuldenfalle zu tappen. Ein Unglück kommt selten allein. Ihr wart ja im Urlaub und die Tagesmutter war erkrankt.

Mutter: Und was war daran so schlimm?

Tochter: Ich musste Außendienst machen, denn die junge Frau, der ich helfen wollte, konnte aus verschiedenen Gründen das Haus nicht verlassen und der Termin konnte nicht mehr aufgeschoben werden. Ich musste also meinen Vinzenz mitnehmen.

Vater: Wo war das Problem?

TOCHTER: Ich kannte die Wohnung bereits. Sie ist ziemlich verwahrlost, sehr unaufgeräumt. Ihr Sohn passt in dieses Bild. Als ich die Wohnung betrat, stürzte sich der kleine Schmutzfink gleich auf meinen Vinzenz.

MUTTER: Und der war sicher wie immer wie aus dem Ei gepellt.

TOCHTER *nickt:* Der Junge umarmte meinen Vinzenz und die beiden verschwanden in seiner Spielecke. Ich ließ es geschehen, damit ich meine Arbeit zügig und ungestört erledigen konnte. Nach dem letzten Federstrich zog ich meinen Liebling wieder zu mir heran. Das gefiel ihm überhaupt nicht. Er hätte sich am liebsten gar nicht von seinem neuen Freund getrennt. Erst am Abend verstand ich ihn und schämte mich.

MUTTER: Wofür?

TOCHTER: Vinzenz hatte das gute Herz des kleinen Dreckspatzen gesehen, ich nur das schmuddelige Äußere. Jetzt aber weiß ich, du musst bereit sein, dich zu öffnen. Nur dann begegnest du den Menschen, die du brauchst und die dich brauchen. Wir sind geboren, um füreinander da zu sein.

Christ sein

Themen: Respekt, Nächstenliebe
Personen: Mann, Mutter, Tochter
Kulisse: Esszimmer, Staffelei mit Bild

Die Mutter steht an der Staffelei, das Bild ist für das Publikum nicht sichtbar.

TOCHTER: Unser Stickbild ist mühselig, fast Knochenarbeit.

MUTTER: Wir wollen es doch meinem Vater, deinem Opa zum Geburtstag schenken.

Die Tochter nickt, holt gerade einen neuen Faden, als es schellt. Sie verlässt die Bühne, spricht kurz mit jemandem, nicht für das Publikum verständlich. – Die Mutter arbeitet weiter an dem Bild. – Die Tochter kommt zurück.

MUTTER: Wer war da?

TOCHTER: Ein Mann vom »Haus Freudenreich«, einem Heim für Menschen mit Behinderungen. Er wollte Karten verkaufen im Zehnerpack. Ich habe ihm fünf Euro gegeben und ihn weggeschickt.

MUTTER *eilt hinaus und ruft:* Kommen Sie bitte zurück! Ich möchte mir Ihre Karten in Ruhe ansehen. Darf ich Sie hereinbitten? *Die Mutter kommt mit einem Mann zurück auf die Bühne.*

MUTTER *bietet ihm Kaffee und Kuchen an:* Setzen Sie sich, bitte! *Sie sieht sich die Karten an.*

Sie sind sehr schön. Sehr mühevoll zu malen mit den Füßen oder dem Mund.

MANN: Ich kann mir vorstellen, Ihr Bild, eine Stickarbeit, ist auch ein mühsames Werk. Wie Sie sehen, sind meine Arme contergangeschädigt. Nicht völlig, darum kann ich etwas helfen. Bei uns gibt es Kinder mit unterschiedlichen Behinderungen. Ein Mädchen z. B. ist ohne Hände geboren. Einem Jungen wurden beide Arme amputiert. Ein anderer hat Hände und Füße wie gelähmt.

MUTTER: Bedauernswert!

MANN: Wir versuchen dennoch, allen so viel Lebensfreude zu vermitteln, wie es geht.

MUTTER *holt fünf Euro und kauft zehn Karten.* Ich werde sie in Ehren halten. *Sie verabschiedet den Mann.*

Mutter und Tochter setzen ihre Arbeit fort.

MUTTER: Christsein heißt, einander in Liebe zu begegnen. Dazu gehört auch, sich ein paar freundliche Worte zu gönnen.

Auszeit nehmen

Themen: Entspannung; Ausgleich
Personen: Professor, Studenten/Studentinnen
(Clara, Iris, Lea, Silvio, Boris, Michael)
Kulisse: Gaststätte, Tisch mit mehreren Stühlen, vor den Personen Getränke und Gläser

Sechs Studenten und Studentinnen sitzen in einem Wirtshaus an einem Tisch.

IRIS: Professor Liebermann verlangt mächtig viel von uns in den Tests, bei Prüfungen und im Schlussexamen.

BORIS: Und trotzdem ist er bei allen sehr beliebt.

LEA: Nicht nur, weil er ein guter Lehrmeister ist und den Stoff anschaulich erklären kann, sondern vor allem wegen seiner Menschlichkeit. Er geht nie hochnäsig durch die Uni und zeigt immer ein Herz für die Sorgen anderer.

SILVIO: Wenn er sich zu uns setzt, dann sprechen wir über Geistiges, aber auch Alltägliches, unsere Probleme bei der Zimmersuche oder unsere finanziellen Schwierigkeiten.

Ein neuer Gast tritt ein.

PROFESSOR: Darf ich mich zu euch setzen?

Die Studentinnen und Studenten nicken: Gern, Herr Professor!

PROFESSOR *nimmt Platz*: Eine Runde für alle, Herr Wirt.

MICHAEL: Das müssen Sie aber nicht tun.

PROFESSOR: Ich weiß. Aber mir ist gerade danach.

IRIS: Man hat mir mein Zimmer gekündigt. Wissen Sie Rat?

PROFESSOR *schüttelt den Kopf und lächelt*: Wenn ich Buden vergeben könnte, wäre ich ein Heiliger.

BORIS: Kein Heiliger, aber bestimmt ein Musterschüler, der nie über die Stränge geschlagen hat!

PROFESSOR *schmunzelt*: Der schönste Tag in meinem Pennälerleben war, als ich einmal den ganzen Tag »blau gemacht« habe.

Erstaunen, ungläubige Blicke, Kopfschütteln.

PROFESSOR: Eines Morgens habe ich meine Schultasche in die Ecke gestellt und bin gemütlich an der Ache spazieren gegangen. Es war ein wunderschöner Sommertag. Ich genoss die warme Luft, legte mich ins Gras am Flussufer und hielt meine nackten Füße in das fließende Wasser. Ich hörte dem Gesang der Vögel zu und ließ meinen Gedanken freien Lauf. Das tat gut: dem Herzen, der Seele, dem Gemüt. Nach einem ausgedehnten Spaziergang landete ich im Biergarten »Am Stadttor«. Ich bestellte mir eine deftige Haxe mit Knödel und Kraut und ließ es mir schmecken.

CLARA: Das hätte ich nie von Ihnen gedacht.

PROFESSOR: Es war alles sehr schön. Der ruhige Gang dann über die Sommerwiese war wie ein inneres Blumenpflücken. Ich war glücklich und zufrieden, beendete meinen Tag bei leiser Meditationsmusik. *Es entsteht eine Pause, der Professor nimmt einen Schluck aus seinem Glas, schaut ernst in die Runde.*

Ich habe in meinen späteren Studentenjahren mir immer wieder solch einen Ruhetag gegönnt. Ihr werdet nach eurer Ausbildung alle mal einen sehr anstrengenden Beruf ausüben. Aus meiner Erfahrung rate ich euch: Schenkt euch hin und wieder einen Tag der Muße. Ich tue es bis heute!

Flügel verleihen

Themen: Motivation, Grundvertrauen
Personen: drei Männer
Kulisse: Tisch, Kartenspiel, Biergläser

Drei Männer sitzen beim Skatspiel zusammen. Einer legt seine Karten beiseite.

1. MANN: Ich bin nun schon weit über 60 Jahre und möchte mich langsam gern zur Ruhe setzen. Ich weiß aber nicht, ob meine Kinder die Firma ohne mich führen können, zumal die Mitarbeiter nicht gerade besonders interessiert an ihrer Arbeit sind.

Die beiden anderen legen ihre Karten auch auf den Tisch.

2. MANN: Eisen kannst du nur formen, wenn es glüht. Du musst deine Mitarbeiter für ihren Job zum Glühen bringen, indem du sie motivierst.

1. MANN: Und wie mache ich das?

2. MANN: Ihr baut doch Flugzeuge!

1. MANN: Ja, aber nur kleine Segelflugzeuge.

3. MANN: Der Dichter und Flieger Antoine de Saint-Exupéry hat einmal gesagt: Wenn du ein Schiff bauen willst, so trommle nicht

Leute zusammen, um Holz und Werkzeuge zu beschaffen, sondern lehre sie die Sehnsucht nach dem weiten Meer.

2. MANN: In deinem Falle hieße das, wenn du Flugzeuge bauen willst, lass die Leute nicht Teile zusammensetzen, Steuerungen einbauen oder Räder montieren, sondern lehre sie die Sehnsucht nach dem unendlichen Firmament. Verleihe ihnen selbst Flügel!

1. MANN: Und was mache ich mit meinen Kindern?

3. MANN: Nimm dir das berühmte Beispiel von den drei Steinmetzen zum Vorbild. Sie wurden gefragt, woran sie arbeiten. Der erste antwortete: Ich behaue einen Stein. Der zweite: Ich baue mit an einem Dom. Der dritte: Wir errichten eine Kathedrale zur Ehre des Allmächtigen. Die Einstellung des Letzten musst du deinen Kindern mitgeben.

1. MANN: Ich werde deine Ratschläge befolgen und dann die Enge des Fabrikgebäudes verlassen und mir die weite Welt ansehen.

2. MANN *lächelt*: Nicht mit einem Segelflugzeug hoffentlich, sondern mit einer großen Maschine. Wer fliegen will, muss Ballast abwerfen, muss loslassen. Vertrau deinen Kindern und deinen Mitarbeitern!

Ein Auge zudrücken

Themen: Augenmaß, Menschlichkeit
Personen: zwei Männer
Kulisse: Tisch mit zwei Monitoren mit der Rückseite zum Publikum, zwei Stühle

1. MANN: Welch ein Getümmel! Die Menschen drängen sich durch das Kaufhaus, als gäbe es nach den Ostertagen nichts mehr zu kaufen. Der Andrang ist gut fürs Geschäft.

2. MANN: Das Gedränge ist aber auch gut für Langfinger. Schnell lässt sich die eine oder andere Ware von einer Tasche in die nächste befördern, kann dieser oder jener Gegenstand im Rucksack verschwinden.

1. MANN: Wir sitzen hier zu zweit vor den Monitoren und überwachen den Laden. Und trotzdem wird so mancher uns durch die Lappen gehen. Da nützen auch nicht die zwei Hausdetektive, die in den Verkaufsabteilungen ihre Arbeit machen.

2. MANN: Es ist langweilig und ermüdend, die ganze Zeit auf den Bildschirm zu starren.

1. MANN: Soll ich dir die Geschichte vom fliegenden Ei erzählen, die uns voriges Jahr zu Ostern passiert ist, mir und meiner Frau?

2. MANN: Na, dann erzähl mal!

1. Mann: Meine Frau und ich gehen jedes Jahr Ostern zu meinem Bruder, um gemeinsam zu frühstücken, natürlich mit einem Ei. Die Kinder bekommen keines, sie müssen sich ihre nach dem Frühstück erst suchen. Meine Schwägerin hatte sich wohl verzählt und eines zu viel gekocht. Da lag es nun mutterseelenallein im Frühstückskorb und ich wusste, was jeder dachte. Mein Bruder: Ich bin der Hausherr, mir gehört das Ei. Ich: Naja, er respektiert das Recht des Gastes und der ist nun mal König und geht vor. Meine Schwägerin sagte sich: Ich hatte die meiste Arbeit und habe mir das Ei verdient. Meine Frau hoffte wie ich: Der Gast geht vor, und als Frau habe sie den Vorrang vor mir. Plötzlich stand Ina, die Tochter des Hauses, auf und warf das Ei im hohen Bogen aus dem Fenster und kommentierte: »Vielleicht freut sich ein Kind über das fliegende Ei, wenn es im Gras landet.«

2. Mann: Stopp, schau, da klaut gerade einer einen Kringel Fleischwurst.

1. Mann: Und in seiner anderen Manteltasche verschwindet noch eine Flasche Rotwein.

Der 2. Mann springt auf.

1. Mann: Bleib! *Er hält ihn am Arm zurück:* Bis du die 25 Stufen hinuntergelaufen bist, ist er schon über alle Berge und die Hausdetektive sind auch zu weit von ihm entfernt. Hast du den verschlissenen Mantel gesehen und die ausgetretenen Schuhe, die schmutzigen Hände und seine fettigen, ungekämmten Haare? Das wird gewiss ein Obdachloser sein. Der Schluck Wein wird

ihn wärmen, das Stück Fleischwurst seinen größten Hunger stillen. Er wird sich freuen wie das Kind, das Inas Ei gefunden hat.
Er schaut seinen Kollegen an: Das Auge der Kamera sieht alles, ist unbestechlich. Unser menschliches Auge aber hat ein Lid.

Beide treten vor das Publikum.

2. MANN: Ein Auge zudrücken heißt Großzügigkeit zeigen und Menschlichkeit beweisen.

1. MANN: Vor allem Nächstenliebe.

Zusammenstehen und aufstehen

Thema: Neubeginn
Personen: drei Männer, als katholische Pfarrer gekleidet
Kulisse: Bibliothek

1. MANN: Es ist schön, sich zu beratschlagen, auszutauschen, einander zu helfen. Ich fange auch gleich an. In meiner Gemeinde wenden sich die Gläubigen immer stärker gegen das Zölibat. Einige wollen sogar, dass einfache Priester heiraten dürfen.

2. MANN: Bei mir ist die Rolle der Frau in der katholischen Kirche sehr wichtig. Viele Gemeindemitglieder verlangen, dass die Frauen mehr Mitsprache bekommen, sogar das Priesteramt ausüben dürfen.

3. MANN: Die jungen Familien sprechen sich gegen den sonntäglichen Gottesdienst aus. Sie meinen, dieser Tag gehöre ganz der Familie, damit man zusammen etwas unternehmen kann.

1. MANN: Einige möchten sogar die Predigt abschaffen. Sie wollen nicht mehr, dass der Priester vor den Gläubigen in der Kirche über Menschen schimpft, die den sonntäglichen Gottesdienst nicht besuchen.

2. MANN: Ich habe einmal versehentlich die Predigt vom vergangenen Sonntag noch einmal gehalten und meinen Fehler ganz offen bekannt. Dann habe ich mich vor den Altar gekniet: Wir

beten für Menschen wie mich, die ihre Arbeit nicht ordentlich verrichten.

Ein Schüler rief: Ich bete für Kameraden, die nicht sorgfältig ihre Hausaufgaben machen. Ein weiterer: Ich bete für Arbeiter, die beim Bau Pfusch machen.

Andere sagten: Für Leute, die die Wohnung nicht in Ordnung halten; für Lehrer, die sich nicht gewissenhaft vorbereiten; für Eltern, die sich nicht genug Zeit für ihre Kinder nehmen; für Kaufleute, die beim Abwiegen ihrer Ware mogeln.

3. MANN: Ich hatte gerade meine Priesterweihe empfangen und freute mich auf die Jugendarbeit, wollte Kranken und Sterbenden beistehen. Doch dann erkrankte der Gefängnispfarrer schwer und ich wurde kurzfristig als Vertretung eingesetzt.

1. MANN: Gerade du, ein Junge aus gutem, katholischem Haus. Du hattest doch sicher noch nie Kontakt mit Kriminellen.

3. MANN: Natürlich nicht. Und während des Studiums gab es keine Vorlesung zu dieser Thematik. In der Nacht fand ich keinen Schlaf. Völlig verzweifelt begab ich mich an meinen neuen Einsatzort im Gefängnis. Mit zitternden Knien betrat ich die Kapelle, in der sich viele Sträflinge versammelt hatten. Sie wollten den Neuen kennenlernen, ihm auf den Zahn fühlen. Als ich durch den Mittelgang Richtung Altar ging, geriet ich ins Stolpern und fiel der Länge nach hin.

2. MANN: Das ist ja das Schlimmste, was dir passieren konnte.

3. MANN: Das glaubte ich auch. Lautes Gelächter dröhnte durch die Kapelle. Aber dann stand ich auf, ging zum Lesepult und sagte mit fester Stimme: Ich wollte euch eine Predigt halten, jetzt habt ihr sie gesehen. Ich habe euch gezeigt: Wenn man gefallen ist, kann man wieder aufstehen, ja, muss es. Jesus hat gesagt: Nicht die Gesunden bedürfen des Arztes, sondern die Kranken. Wer mit dem Gesetz in Konflikt gekommen ist, dem kann geholfen werden. Im Himmel, verkündet Jesus, ist mehr Freude über einen Sünder, der sich bekehrt, als über tausend Gerechte. Jedes Aufstehen ist ein Neuanfang, und jeder von euch ist dazu in der Lage.
Dann faltete ich die Hände und wir beteten das Vaterunser – d. h., alle, die es noch kannten. Anschließend hielt ich eine kurze Andacht.

1. MANN: Wir sehen, es gibt noch viel auszutauschen.

Antenne zur Außenwelt

Themen: Vertrautheit, Grundvertrauen
Personen: Referentin, eine Frau, zwei Ehepaare,
            mehrere schwangere Frauen (Kissen)
Kulisse: Stuhlkreis

Die Schwangeren erheben sich vom Boden.

REFERENTIN: Meine Damen, Sie haben gerade Ihre Übungen beendet. Bitte setzen Sie sich noch einen Moment. *Die Frauen folgen der Aufforderung.*
Ich rate Ihnen, die Übungen mehrmals täglich zu wiederholen. Gehen Sie so oft wie möglich an die frische Luft. Ein Spaziergang tut Ihnen und Ihrem Kind gut. Und noch eins: Reden Sie viel mit Ihrem Kind. Denn Ihr Kind fühlt, tastet und hört.

FRAU: Was sollen wir ihm sagen?

REFERENTIN: Der Embryo versteht Ihre Worte nicht, er nimmt aber den Klang Ihrer Stimme wahr.

1. EHEMANN: Vielleicht ist es doch nicht unbedeutend, was man sagt. Wenn Sie wollen, erzähle ich Ihnen eine Geschichte aus unserem Freundeskreis.

Allgemeine Zustimmung (Gemurmel)

1. Ehemann: Bob und Lena, glücklich verheiratet, wünschten sich nichts sehnlicher als ein Kind. Über Jahre ohne Erfolg. Sie gingen von Arzt zu Arzt, ließen Untersuchungen und Behandlungen über sich ergehen, versuchten es letztendlich mit einer künstlichen Befruchtung. Auch das vergeblich!

1. Ehefrau: Kurz vor Lenas 32. Geburtstag eröffnete ihr die Gynäkologin, dass sie schwanger sei. Sie konnte ihr Glück kaum fassen, ließ darum das Ergebnis noch einmal überprüfen. Es gab keinen Zweifel, sie war schwanger! Sie umarmte die Frauenärztin und ging freudestrahlend nach Hause.

2. Ehemann: Bob und Lena freuten sich riesig, tanzten vor Glück, unterdrückten ihre Tränen nicht. Der Embryo entwickelte sich gut. Bald wussten sie, dass es ein Mädchen wird. Sie gaben ihr den Namen Helena, der Name bedeutet die Leuchtende. Jeden Abend legte der werdende Vater den Kopf auf den Bauch seiner Frau und sang: »Stille Nacht, heilige Nacht«, denn ihr Kind würde ein Christkind werden.

2. Ehefrau: Doch welch Unglück, zwei Monate vor der Geburt gab es Komplikationen. Der Fötus wurde per Kaiserschnitt geholt und in einen Inkubator gelegt. Die Ärzte eröffneten den Eltern, dass die Überlebenschancen ihres Kindes mehr als gering seien.

2. Ehemann: Um mögliche Infektionen zu verhindern, wurde ihnen der Kontakt mit ihrem Kind verboten. Der Vater bestand jedoch darauf – gegen jeden ärztlichen Rat –, sein Kind einmal besuchen zu dürfen. Als er bei ihm war, sang er wie viele Abende zuvor »Stille Nacht, heilige Nacht«. Plötzlich hielt er inne, als er

merkte, dass Helena sich bewegte, ganz wenig, aber sie bewegte sich. Die Mutter brach in Tränen aus, selbst die Stationsschwester weinte. Was sie sahen, glich einem Wunder.

2. Ehefrau: Kaum einer konnte das Weihnachtswunder begreifen. Fortan gingen die Eltern so oft wie möglich zu ihrer kleinen Helena und der Vater sang ihr sein Lied vor.
Von Tag zu Tag verbesserte sich ihr Zustand. Nach ein paar Wochen konnten die glücklichen Eltern ihr gesundes Kind mit nach Hause nehmen.

Tiefe Betroffenheit. Dann springen die Schwangeren auf und klatschen enthusiastisch.

HAB LIB

Themen: vorschnelles Urteil, Versöhnung, Eltern/Kinder
Personen: zwei Erzieherinnen, mehrere Elternpaare, eine Kindergartengruppe, Frau Voss mit ihrer Tochter Eva
Kulisse: Tisch mit Bastelmaterial, z. B. Tonpapier, Klebe, Schere, mehrere größere Tische

1. ERZIEHERIN: Vor euch auf den Tischen liegen Tonpapier, Klebe und Scheren. Die Eltern helfen euch, stehen euch mit Rat und Tat zur Seite.

Die Kinder beginnen unter Anleitung der Erwachsenen mit ihrer Bastelei.

Frau Voss steht abseits, hält sich die Hände vors Gesicht und schluchzt leise.

1. ERZIEHERIN *geht auf sie zu, legt den Arm um sie:* Was bedrückt Sie? Kann ich helfen?

FRAU VOSS: Ich habe einen riesengroßen Fehler gemacht. Wir wollten gestern mit der Osterbastelei beginnen. Eva hat sich riesig gefreut. Ich hatte alles zurechtgelegt und stellte dabei fest, dass ich keine Klebe im Haus hatte. Ich bat meine Tochter, ein paar Minuten zu warten, und erlaubte ihr ausdrücklich das Ausschneiden, während ich schnell im Laden um die Ecke die Besorgung machte.

1. Erzieherin: Das war sicher kein Problem, Ihr Kind ein paar Minuten allein zu lassen.

Frau Voss: Das dachte ich auch. Als ich zurückkam, eilte Eva mir freudestrahlend entgegen und eröffnete mir stolz, sie habe etwas auf die Scheibe im Wohnzimmer geschrieben. Ich warf meinen Einkauf beiseite, schrie sie an. Denn ich hatte ihr oft genug erklärt, dass sie Fenster und Türen nicht beschmieren darf. »Du hast zum Malen eine Tafel und einen großen Zeichenblock!«, brüllte ich sie an.

1. Erzieherin: Die Osterbastelei war dann sicher beendet.

Frau Voss: Eva musste in ihr Zimmer. Sie weinte bitterlich. Am Abend gab es keinen Gute-Nacht-Kuss. Erst als sie schon schlief, ging ich ins Wohnzimmer, um mir das Geschreibsel anzuschauen. Ich zog die Gardine zurück und las: MAMA HAB DICH LIB. Ungelenke Großbuchstaben waren dort mit Lippenstift geschrieben. Ich hielt mir die Hände vors Gesicht und weinte bittere Tränen. Am Morgen gingen wir schweigend zu euch.

1. Erzieherin: Schauen Sie, Ihre Tochter arbeitet schon fleißig. Gehen Sie zu ihr. Am besten schneiden sie erstmal ganz viele große und kleine Herzen aus. Helfen Sie sich gegenseitig, loben, singen und lachen Sie wieder miteinander.

Frau Voss befolgt ihren Rat. Dann nimmt sie ihre Tochter ganz fest in den Arm, kniet sich vor ihr nieder.

Frau Voss: Es tut mir so leid. Ich war so ungerecht, Evi, ich hab dich so lieb. Das Wohnzimmerfenster werde ich bis zum Sommer nicht mehr putzen.

Eva umarmt ihre Mutter.

2. Erzieherin: Schön, dass Kinder schneller vergeben, verzeihen und sich versöhnen können als wir Erwachsene.

Nicht auf Lager

Themen: gemeinsame Zeit, Eltern/Kinder
Personen: eine Verkäuferin, ein Elternpaar, zwei Kundinnen
Kulisse: Regale mit Spielwaren, Tisch als Theke

VERKÄUFERIN: Sie suchen also ein Geschenk für Ihren neunjährigen Sohn, das nicht gleich auf dem Spielzeugberg landet, der sich über Jahre in seinem Kinderzimmer angesammelt hat, aber nichts aus dem Elektronikbereich.

MUTTER: Das kauft er sich lieber selber oder tauscht es mit seinen Freunden. Wir wollen gar nicht wissen, was sie da treiben. Zudem verstehen wir zu wenig von diesen Dingen.

VATER: Wir können uns nicht darum kümmern. Meine Frau ist Oberstudienrätin am Berggymnasium und ich bin Chefarzt im städtischen Krankenhaus. Wir sind mit Arbeit bis über beide Ohren eingedeckt.

1. KUNDIN: Wo finde ich die Plüschtiere?

VERKÄUFERIN: Gehen Sie eine Etage höher. Dort begrüßt Sie freundlich ein riesiger Bär. Da sind Sie richtig.

MUTTER: Am Nachmittag kümmert sich unsere Kinderfrau um unseren Sohn.

2. Kundin: Ich suche Laufräder.

Verkäuferin: Eine Treppe tiefer finden Sie, was Sie suchen.

Vater: Eine Unverschämtheit! Schon die Zweite, die unser Gespräch unterbricht. Das kostet alles wertvolle Zeit.

Verkäuferin: Sie wollte doch nur eine kurze Auskunft. *Sie sieht die Mutter an:* Wissen Sie, ob Ihr Sohn gern liest?

Mutter: Bücher sind out.

Verkäuferin: Sie sagten zu Beginn, Sie suchen etwas, das festen Bestand hat. Dann empfehle ich Ihnen dieses Brettspiel. Es ist in diesem Jahr der Renner. Die Spielfläche ist aus massivem Holz, die Figuren sind liebevoll geschnitzt, alles ansprechend gestaltet.

Vater: Könnte das bedeuten, dass ich mit meinem Sohn stundenlang am Tisch sitzen und würfeln soll?

Verkäuferin: Eine Stunde bestimmt, kann auch länger dauern. Die Zeit vergeht aber wie im Flug, denn es ist sehr interessant und macht viel Spaß.

Vater: Das ist was für Rentner und Pensionäre, aber nichts für Menschen, die voll im Berufsleben stehen.

Verkäuferin *sieht den Vater an:* Dann tut es mir leid, ich kann Ihnen nicht weiterhelfen, denn zu unserem Warenangebot gehört nicht: geschenkte Zeit.

VATER *schaut die Verkäuferin verärgert an:* Hei! Ich muss doch sehr bitten!

VERKÄUFERIN: Zu unserem Sortiment gehört auch nicht: geschenkte Liebe.

Gute Erziehung

Thema: Großzügigkeit
Personen: 3 Männer und 5 Statisten;
           jugendliche Anruferin (nicht zu sehen)
Kulisse: Umkleideraum, Handy

1. MANN *tritt ein:* Bist du schon lange hier?

2. MANN *trocknet sich gerade ab:* Ich habe mich schon schnell geduscht.

1. MANN: Die anderen sind viel langsamer als wir.

2. MANN: Bei einem Zehn-Kilometer-Lauf zieht sich immer das Feld auseinander. Es ist schon bewundernswert, dass die beiden Älteren die Strecke noch so gut schaffen.

Ein Handy klingelt, mehrfach.

2. MANN: Geh halt dran!

1. MANN: Hallo!

ANRUFERIN: Papi, kannst du mir nicht doch erlauben, für ein paar Stunden meine Freundin zu besuchen? Bitte! Sie hat doch Geburtstag und alle anderen kommen auch.

1. MANN: Erlaubnis erteilt! Bleib so lange du willst und feiert schön!

Jubelschrei!

ANRUFERIN: Danke! Du bist der beste Vater der Welt. Da wäre noch etwas! Ich kann doch nicht mit leeren Händen zu einer Geburtstagsfeier gehen. Kann ich mir etwas Geld für ein Geschenk aus der Schublade des Küchenschrankes nehmen?

1. MANN: Nimm, was du brauchst! Ich vertrau dir.

ANRUFERIN: Wir Freundinnen wollen uns in der ersten Ferienwoche im Freibad treffen. Kannst du mir in dieser Zeit meinen Stubenarrest erlassen, damit ich mich mit ihnen verabreden kann?

1. MANN: Okay! Erlassen! Alles ist vergeben und vergessen! Viel Spaß beim Schwimmen und Tollen im Wasser!

ANRUFERIN: Vati, du bist wirklich der Aller-, Allerbeste. Tausend Küsse! Tschüs!

Mittlerweile sind die anderen eingetroffen.

1. MANN *hält das Smartphone hoch*: Wem gehört dieses Handy? *Er überreicht es einem Kameraden.* Ich habe deiner Tochter die Geburtstagsfeier und das Schwimmen erlaubt. Ach ja, und den Stubenarrest erlassen.

3. MANN: *Was* hast du?

1. MANN: Ich war Gönner.

3. MANN: Ich glaube das nicht, spinnst du? Hast du noch alle Tassen im Schrank?

1. MANN: Reg dich ab! Damit dein heißes Blut wieder kalt wird, geh duschen, bleib lange unter dem eiskalten Wasser! *Nach einer Pause:* Zur guten Erziehung gehören nicht nur Strenge und Verbote, sondern auch Großzügigkeit und Liebe. *Er lächelt:* Ich habe dich gerade zum besten Vater der Welt befördert.

Gönnen können

Themen: Selbstsucht, Missgunst, Dankbarkeit
Personen: vier Erwachsene (Ferdinand, Elsa, Günter, Heidi),
           ein Jugendlicher (Tim)
Kulisse: Esstisch mit mehreren Stühlen

ELSA: Unfassbar, einfach unfassbar! Neulich habe ich unsere Mutter mit zwei Paar Schuhen in der Tasche, einem Kleid der Spitzenklasse am Leib und einen hochmodernen Hut auf dem Kopf beim Stadtbummel getroffen. So aufgetakelt habe ich sie ihr ganzes Leben noch nicht gesehen.

GÜNTER: Naja, das sind nur einmalige Ausgaben. Es kommt noch schlimmer. Seit Monaten speist sie mit ihren Freundinnen regelmäßig im »Alten Jagdhaus«. Dort gibt es hervorragende Wildgerichte. Sehr gut, aber auch sehr teuer.

ELSA: Sie treibt es noch toller. Mit ihrer Freundin Käthe hat sie sich eine teure Kreuzfahrt erlaubt, hinauf bis zum Nordkap, nur um einmal die Fjorde, die Wasserfälle und die Polarlichter zu sehen.

FERDINAND: Wir müssen den Familienrat einberufen und ihr einmal gehörig den Kopf waschen.

ELSA: Mit unserem Vater hat sie sich keinen Urlaub gegönnt, beide haben jeden Cent zweimal umgedreht. Und jetzt das!

HEIDI: Sie ist sogar auf Safari gegangen, nein geflogen, um Abenteuer zu erleben, Löwen hautnah zu sein, einem Elefanten Aug in Aug gegenüber zu stehen, hinter Antilopen herzujagen.

FERDINAND: Notfalls müssen wir sie entmündigen lassen.

GÜNTER: Sie bringt unser ganzes Erbe durch.

TIM *tritt an den Tisch:* Dass ich nicht lache. Ihr solltet euch was schämen. Ihr seid ja schlimmer als verlogene und heuchlerische Gewissenlose. Bis jetzt hat Oma das Geld eisern zusammengehalten. Sie hat mit eurem Vater das Haus gebaut, das ihr einmal erbt. Sie hat euch allen ein langes Studium finanziert, damit ihr heute gut leben könnt. Sie hat Tag für Tag für euch gesorgt, am Herd gestanden, morgens, mittags und abends das Essen serviert. Und jetzt missgönnt ihr ihr, dass sie sich auch einmal bedienen lässt. Sich nach einem harten Leben jetzt, in ihrem Alter, etwas gönnt, sich den Traum von einer Kreuzfahrt erfüllt.

Er macht eine kurze Pause und schaut in die Runde.

Du, Heidi, du siehst mit neidischen Blicken auf die Safari. Ihre erste und vielleicht einzige Fernreise. Und es ist schon ein Unterschied, ob man auf dem warmen Kopf eines Elefanten reitet oder ihn mit viel Abstand im Zoo hinter einem Gitter beobachtet. Ob man sein Essen gegen freche Affen verteidigen muss oder sie in einem Gehege herumturnen sieht.

Er sieht in die erstaunten Gesichter, dann platzt er heraus:

Ihr habt Oma, eurer Mutter, so viel zu verdanken, deshalb solltet ihr ihr ihre letzten Tage so schön wie möglich machen. Sie hat sich alle Jahre um euch bemüht. Nun solltet ihr ihr in ihrem zweiten Leben etwas zurückgegeben. Wie oft habt ihr sie in der letzten Zeit eingeladen zum Essen, zu einer geselligen Runde oder zu einem Ausflug?

Betroffene Gesichter, betretenes Schweigen, gesenkte Köpfe.

Für immer und ewig

Themen: Altwerden, Gelassenheit
Personen: Vater, Mutter, Kind, Opa
Kulisse: Esstisch mit 4–6 Stühlen, Kehrblech, Handfeger, Scherben; später: kleine Krippe, kleiner Weihnachtsbaum, Pakete in Weihnachtspapier

MUTTER *geht zweimal wütend um den Tisch, hält ihrem Mann das Kehrblech mit den Scherben unter die Nase:* Das ist das Werk von heute Morgen. Gestern waren es ein großer und ein kleiner Teller. Das geht so nicht weiter.

VATER: Hab Nachsicht mit einem alten Menschen. In seinem Alter sind nun mal die Hände etwas zittrig.

KIND *schaut durch die Tür und lauscht.*

MUTTER: Mein Nervenkostüm ist überstrapaziert. Opa muss endlich in ein Heim. Am besten noch vor Weihnachten.

VATER: So einfach geht das nicht. Gute Pflegeplätze gibt es nicht wie Sand am Meer. Zudem will Opa auf keinen Fall in ein Heim. Auch wenn er uns das Haus überschrieben hat: Das hier ist sein Zuhause, das er aufgebaut hat. Hier hat er ein Leben lang gewohnt, hier will er sterben.

KIND *tritt in den Raum und stürzt sich auf den Schoß des Vaters:* Vati, Vati, wir dürfen unseren Opa nicht in ein Heim abschieben. Wer spielt sonst mit mir, wenn ihr arbeitet? Hilft mir bei den Hausaufgaben? Und wer rastet so schön aus, wenn er beim »Mensch ärgere dich nicht« verliert!?!

VATER *nimmt das Kind tröstend in den Arm:* Vor Weihnachten wird keine Entscheidung getroffen. Versprochen!

Pause, der Raum wird verdunkelt, Weihnachtsmusik erklingt. Licht! In einer Ecke stehen ein kleiner Weihnachtsbaum und eine Krippe. Auf dem Tisch liegen Weihnachtspakete.

MUTTER: Da wir Eltern uns gegenseitig nur Kleinigkeiten schenken, packen wir zuerst aus. Das geht am schnellsten. *Sie packt eine Kette aus und legt sie um den Hals.* Die ist ja wunderschön!

VATER *packt aus:* Die obligatorische Krawatte, sehr nützlich! Ich brauche ja auch wirklich viele im Job. *Zum Kind:* Und jetzt du!

Das Kind schielt schon die ganze Zeit auf den großen Ball, stürzt auf ihn und wirft ihn dem Vater zu.

MUTTER: Gespielt wird draußen. Jetzt das andere!

Das Kind packt ein Buch und ein Computerspiel aus, greift zu einem schönen Pullover, hält ihn vor die Brust.

MUTTER: Anprobieren kannst du ihn später, auch das neue Hemd.

KIND *umarmt die Eltern:* Danke, Christkind!

VATER: Jetzt wollen wir aber erst mal in das riesige Paket schauen, das du für den Opa gekauft hast.

KIND: Opa, ich habe mein ganzes Taschengeld zusammengekratzt und bin in einen Campingladen gegangen.

Alle schauen verdutzt.

KIND *hilft dem Opa beim Auspacken; es holt ein komplettes Ess- und Kaffeeservice heraus, alles! Es nimmt eine Tasse in die Hand und wirft sie zu Boden:* Seht ihr, die geht nicht kaputt, selbst in hundert Jahren nicht. Alles ist absolut bruchsicher, hat mir der Verkäufer versichert.

Es läuft zu seinen Eltern, die sich hingekniet haben.
Wenn ihr einmal alt seid und bei mir wohnt, könnt ihr auch noch davon essen und daraus trinken, und keiner muss ins Heim – Ehrenwort.

Die Eltern umarmen ihr Kind sehr lange.

Sie können stolz sein

Themen: Ehrlichkeit, Weihnachten
Personen: ein Ehepaar, eine Kassiererin, mehrere Statisten
Kulisse: Tisch mit einer Kasse, Einkaufswagen bzw. Einkaufskörbe

An der Supermarktkasse stehen mehrere Kunden Schlange. Ein Ehepaar geht mit seinem Einkaufswagen auf das Publikum zu. Plötzlich bleibt der Mann stehen, schaut auf den Kassenbon.

EHEMANN: Die Kassiererin hat mir zehn Euro zu viel herausgegeben.

EHEFRAU: Lass gut sein, das Kaufhaus wird nicht pleitegehen wegen ein paar Cent.

EHEMANN *geht zurück und tippt der Kassiererin auf die Schulter:* Entschuldigung, Sie haben mir zehn Euro zu viel herausgegeben.

KASSIERERIN *ohne aufzusehen:* Ich weiß!

Sie kassiert zunächst die Kundin ab.

EHEMANN: Sie wissen das?!

KASSIERERIN *dreht sich zu ihm um:* Herr Pfarrer, ich wollte wissen, ob Sie Wasser predigen und Wein trinken. Ich gehe selten in die Kirche, aber zum Weihnachtsgottesdienst zieht es unsere ganze Familie, besonders die Kinder. Er gehört zum feierlichen Rahmen dieses Festes. Sie erzählten die Geschichte von einem Schüler, der unbedingt bei einem Krippenspiel mitmachen wollte.

EHEMANN: Der Klassensprecher durfte die Rollen vergeben. Er verlangte von seinem Kameraden, eine kleine Flasche Schnaps zu stehlen als Mutprobe, damit er ihn in ihre verschworene Clique aufnehmen kann. Der Junge tat es schlechten Gewissens und bekam die Rolle.

KASSIERERIN: Am nächsten Tag ging er in den Laden und beichtete dem Besitzer, einem alten Mann: »Ich habe gestern ein Fläschchen Schnaps gestohlen und möchte es heute bezahlen. Es war eine Mutprobe.« Während der Alte ihm das Wechselgeld zurückgab, sagte er: »Junge, deine Mutprobe hast du heute bestanden.«

Die Statisten nicken.

KASSIERERIN *schaut den Geistlichen an, die Statisten hören still zu*: Eine Botschaft der Krippe ist Ehrlichkeit. Dazu gehören Mut und Aufrichtigkeit, Zeichen der Nächstenliebe. *Sie lächelt*: Sie haben Ihre Mutprobe heute bestanden, Herr Pfarrer. Ihre Frau kann stolz sein, einen solchen Mann zu haben.

Die Statisten applaudieren kräftig.

Abstand vom Alltagsgeschehen

Thema: Auszeiten
Personen: Großvater (Häuptling), Enkel
Kulisse: Zelt, Strohmatte, Bogen

Opa und Enkel treten zunächst in normaler Straßenkleidung auf.

GROSSVATER: Ich spiele gleich die Rolle eines Häuptlings. Damit diese authentischer rüberkommt, ziehe ich mich um, werde zum Indianerhäuptling.

ENKEL: Ich bin sein Enkel, auch im wirklichen Leben.

Sie verschwinden von der Bühne, um sich umzuziehen. Beide setzen sich dann in neuer Robe im Schneidersitz auf die Strohmatte vor das Zelt.

ENKEL: Opa, du bist doch der große Häuptling deines Volkes, hast viele Aufgaben und Verpflichtungen zu erledigen.

HÄUPTLING: Oh ja, neue Jagdgründe erkunden, Verhandlungen mit den Siedlern führen, vor allem den Frieden unter den Stämmen halten.

ENKEL: Ich frage mich darum oft: Warum vertust du so viel wertvolle Zeit mit einem kranken Kaninchen, um es zu pflegen, es sehr lange zu streicheln?

Der Häuptling steht auf und holt den Bogen, der an der Zeltwand lehnt.

ENKEL: Warum beantwortest du mir nicht meine Frage? Willst du lieber auf die Jagd gehen?

HÄUPTLING: Nein, nein, ich versuche, dir deine Frage zu beantworten. Sieh, wir Menschen haben immer Wichtiges zu tun, zumeist sehr Wichtiges.
Er zeigt auf den Bogen: Die Sehne ist nicht gespannt. Wäre sie immer gespannt, würde sie an Kraft verlieren. Auch wir Menschen brauchen immer eine Pause, eine Zeit der Ruhe und der Muße, um dann neue Aufgaben energiegeladen zu erfüllen. Im Auge des Wirbelsturmes kann ein Kind ruhig schlafen. Auch wenn alles um dich herum noch so stürmt und tobt, begib dich von Zeit zu Zeit an solch einen ruhenden Pol!

ENKEL: Ich habe verstanden, was du mir sagen willst. Das Kaninchen ist dein ruhender Pol, das Streicheln deine Phase der Entspannung, die Pflege eine Ablenkung von deinen Aufgaben.

HÄUPTLING: Unsere Väter legten sich immer wieder auf den Boden, um Abstand vom Alltagsgeschehen zu bekommen, von aller Hektik und Betriebsamkeit. Sie hörten, dass die Mutter Erde uns mahnt, auch ihr eine Pause zu gönnen, sie ganz schonend zu behandeln. *Er schaut den Enkel an und meint:* Sie ist uns Älteren nämlich von dir nur geliehen; nicht nur von dir, sondern von allen Kindern der Erde.

Ich kann auch noch andere

Themen: gemeinsame Zeit, Einfachheit
Personen: zwei Männer, zwei Frauen
Kulisse: großer Tisch, als Schreibtisch dekoriert

1. MANN *tritt zu seinem Kollegen, der auf dem Stuhl sitzt:* Na, Kollege, hast du deinen Geburtstag wieder im »Goldenen Krug« gefeiert?

1. FRAU *steht links:* Als ich zur Chefredakteurin ernannt wurde, haben wir mit unseren Männern auch dort gefeiert.

2. FRAU *steht rechts:* Das ist das beste Speiselokal in unserer Gegend. Alles ist exzellent: das Essen, das Ambiente und vor allem die überaus freundliche Bedienung.

2. MANN: Wir waren bei meinem runden Geburtstag nicht auswärts essen. Ich habe selbst gekocht.

1. FRAU: Chef, *was* haben Sie gemacht?

2. MANN: Gekocht! *Er zieht sein Smartphone aus der Tasche und zeigt ein Bild:* Hier der Beweis. Mein Sohn und ich mit Schürze am Kochtopf.

1. FRAU: Ich kann es nicht glauben.

1. MANN: Wenn du so knapp bei Kasse bist, hätte ich dir doch mit einem kleinen Kredit unter Kollegen ausgeholfen. *Er lacht:* Nein, sag, was ist wirklich passiert?

2. MANN: Wir waren im Kreis der Familie zusammengekommen: mein Bruder mit Frau, die Schwester meiner Frau mit ihrem Mann, unsere Eltern natürlich, selbstverständlich auch mein Sohn und meine Tochter. Meine Frau hat zum Kaffee ein paar Kleinigkeiten gebacken, wunderbare Köstlichkeiten. Das große Essen gab es am Abend. Aber zuerst wurden mir die Geschenke überreicht. Es gab Kleidung und nochmals Kleidung.

1. MANN: Naja, was soll man einem schenken, der alles hat?

2. MANN: Aber mein Sohn kam mit einer großen Tüte, aus der ein Bund Suppengrün herausragte. Ich packte aus: zwei leere Tüten Erbsen, Möhren, geräucherten Speck, eine Handvoll Kartoffeln und Zwiebeln, ein Stück dicke Rippe und eine große Dose Würstchen. Mein Sohn sah mich streng an und erklärte: Ein Geschenk darf man nicht zurückweisen. Wir verbringen gemeinsame Zeit – in der Küche. Die Erbsen habe ich schon einen Tag vorher in Wasser eingeweicht. Deine Besucher werden uns in der Zeit nicht vermissen, denn sie haben auch jeder eine Aufgabe: das Esszimmer festlich eindecken, mit Blumen schmücken, dekorieren.

1. FRAU: Du mit Schürze – in der Küche und am Herd. Ich bin sprachlos.

2. MANN: Wir hatten viel Spaß beim Kochen, stärkten uns immer wieder mit einem Schluck Bier. Ich servierte unser leckeres Festmahl höchstpersönlich. In den eigenen vier Wänden konnten wir uns ungezwungen und ausgelassen benehmen. Ich hatte so viel Freude an diesem Tag, dass ich meinem Sohn versprach: Das machen wir nächstes Jahr unbedingt wieder. Mein Sohn bot mir an: Du kannst von mir noch mehr lernen. Ich kann auch Linsensuppe und Gulasch oder Ratatouille.

Er lehnt sich zufrieden zurück.

2. MANN: Das war wirklich ein gelungenes Geburtstagsfest. Und gemeinsames Handeln schweißt zusammen.

Sag niemals nie

Thema: Pfiffigkeit
Personen: Oma, Opa, Vater, Mutter, Lina, Sarah
Kulisse: Esszimmer mit Tisch und Stühlen

OPA: Es ist schön, dass die ganze Familie sich vor den Sommerferien trifft. Noch einmal zusammensitzt, bevor wir für längere Zeit auseinandergehen.

OMA: Schade, dass deine Eltern im letzten Jahr von uns gegangen sind. Schön, dass wir die Tradition trotzdem aufrechterhalten.

OPA *zur Mutter*: Dein Kartoffelsalat ist wirklich der beste der Welt.

MUTTER: Er steht ja schon auf dem Tisch. Ihr braucht nur noch zu warten, bis ich die Würstchen gewärmt habe.

LINA: Ich als Stadtkind freue mich, einmal Urlaub auf einem Bauernhof zu machen.

SARAH: Ich hole morgens aus den Nestern im Hühnerstall ganz frische Eier, noch warm.

LINA: Toll, dass wir einen kleinen See haben, wo wir baden und uns auf der Wiese sonnen können.

VATER: Vergiss nicht den großen Wald hinter dem Anwesen!

LINA: Der Urlaub wäre noch schöner, wenn wir einen Reitkurs auf dem nahegelegenen Ponyhof machen könnten.

VATER: Reiten ist die gefährlichste aller Sportarten. Es gibt dabei so viele Unfälle mit schwersten Verletzungen. Immer wieder!

MUTTER *stellt die Würstchen auf den Tisch*: Guten Appetit.

Sie lassen es sich schmecken.

SARAH: Papa, was könnte dich dazu bewegen, nachzugeben?

VATER: Nur ein Wunder! Zum Beispiel, wenn ein Würstchen drei Enden hätte.

Alle langen kräftig zu.

SARAH *schneidet ihre Wurst an beiden Enden ein Stückchen ab*: Vati, schau, das ist ein Ende und das ist das zweite!

Während sie essen, singt der Vater vor sich hin »Alles hat ein Ende, nur die Wurst hat zwei …«

LINA: Auf dem Rücken der Pferde liegt das Glück unserer Erde!

SARAH *hat nur noch einen Rest Wurst auf ihrem Teller*: Ich esse das erste Ende, nun das zweite Ende. *Sie zeigt auf ihren fast leeren*

Teller: Und sieh da, das Ende einer armen Wurst wird jetzt kommen! *Sie verspeist das letzte Stück und klatscht in die Hände.*

Die Kinder sehen ihren Vater erwartungsvoll an.

OPA *klatscht sich vor Lachen auf die Oberschenkel, freut sich:* Tatsächlich, das dritte Ende!

LINA: Vati, du hast verloren. Was man versprochen hat, muss man halten.

VATER: Ich halte mein Versprechen. Ihr dürft den Reitkurs besuchen.

MUTTER: Sag niemals nie!

Du bleibst immer du

Themen: Mobbing, Selbstachtung
Personen: ein Lehrer, Schülerin Anna, Schüler Lukas und Markus, mehrere Klassenkameraden als Statisten
Kulisse: Stühle zu einem Sitzkreis zusammengestellt, die Akteure und der Lehrer zum Publikum gewandt; als Requisiten eine Zehn-Euro-Gedenkmünze, ein kleiner Beutel mit Erde

Die Schüler haben einen Sitzkreis gebildet. Der Lehrer tritt ein, bleibt vor seinem Stuhl stehen und hält eine Zehn-Euro-Gedenkmünze hoch. Er lässt sie fallen.

LEHRER: Wer möchte die Münze haben, auch wenn sie auf dem Boden lag?

Alle zeigen auf.

LEHRER *tritt darauf herum*: Möchte sie jetzt noch einer haben, auch wenn sie nun ganz zerkratzt ist?

Wieder melden sich alle.

ANNA: Das ist doch egal. Geld bleibt Geld.

Lehrer schüttet Erde auf den Boden und lässt die Münze hineinfallen.

LEHRER: Auch jetzt noch, wenn die Münze so verschmutzt ist?

LUKAS: Der Wert des Geldes bleibt derselbe, auch wenn es durch viele Hände gegangen und völlig verdreckt ist.

LEHRER *setzt sich*: Eure Klassenkameradin Lina fehlt.

ANNA: Ist sie krank?

LEHRER: Schlimmer! Sie liegt in Krankenhaus und ringt mit dem Tod. Sie hat in der letzten Nacht einen Selbstmordversuch unternommen.

MARKUS: O Gott! Sie war doch immer so lebenslustig, froh und freundlich. Was hat sie bloß dazu gebracht?

LEHRER: Eine, einer oder mehrere wissen das ganz genau. Sie haben ihre Seele verletzt. Das ist oft schmerzhafter als eine Wunde am Leib.

LUKAS: Kinder und Jugendliche hänseln sich schon mal.

LEHRER: Nein, es geht nicht um Hänseln oder Necken. Sie haben sie systematisch mit Dreck beworfen, in den Schmutz gezerrt, sind auf ihrer Seele herumgetrampelt. Auch wenn Lina lächelte, ihr Herz weinte bitterlich. Mobbing ist kein Kavaliersdelikt, sondern eine Straftat und kann sogar mit Gefängnis geahndet werden, weil dies nicht selten zum Tod der Betroffenen führt.

Anna: Ich habe gelesen, jeder sechste Schüler ist betroffen, erleidet nicht physischen, aber psychischen Schaden. Sie werden von Mitschülern fertig gemacht, nicht selten, bis sie sich etwas antun.

Markus: 2.000 Jugendliche nehmen sich jährlich deshalb das Leben.

Lehrer: Wenn dir das widerfährt, zeige Mut! Friss nicht alles in dich hinein! Rede mit deinen Eltern oder Lehrern darüber, erstatte Anzeige bei der Polizei! Spezialisten können häufig die anonymen Täter ermitteln und ihrer Strafe zuführen.

Lukas: Jetzt verstehe ich auch das Bild vom Geldstück. Es wird nicht wertlos, egal, was man ihm zufügt.

Lehrer: Richtig, sage dir, wenn du mal betroffen bist: Du bleibst immer du, immer ein wertvoller Mensch, den viele achten, mögen, inniglich lieben.

Freunde, wahre – echte

Thema: an jemanden glauben
Personen: Onkel, Tante, Mutter, Vater, Sohn, Anrufer
Kulisse: Esszimmer mit Telefon

ONKEL: Wie kann man sich bloß seine Zukunft so verbauen!

TANTE: Es ist doch eine Auszeichnung, eine besondere Ehre, zu den Wiener Sängerknaben zu gehören.

ONKEL: Sie nehmen CDs auf, fahren zu Konzerten, gestalten Gottesdienste. Sie sind etwas ganz Besonderes.

VATER: Mein Herz stand still, ich schnappte nach Luft, mir fiel das Telefon aus der Hand, nachdem der Direktor mir mitgeteilt hatte, ich solle unseren Sohn von der Anstalt abholen – für immer.

Der Sohn sitzt schweigend mit gesenktem Kopf am Tisch.

MUTTER: Ich habe das Gespräch mitgehört. Mir standen die Tränen in den Augen, als ich vernahm, unser Sohn hat 20 Euro gestohlen. Wie kann man seine Karriere für ein paar Euro wegwerfen.

VATER: Morgen werde ich dich auf einem staatlichen Gymnasium anmelden.

Der Sohn sagt kein Wort, schaut nicht auf.

Das Telefon klingelt. Der Vater nimmt das Gespräch an.

ANRUFER: Das Geld wurde gefunden. Der Wind muss es durch das geöffnete Fenster zwischen die Notenblätter geweht haben.

VATER: Und warum glauben Sie, hat mein Sohn einen Diebstahl gestanden, den er gar nicht begangen hat? Eine Untat auf sich genommen, die solche Konsequenzen nach sich zieht?

ANRUFER: Wir vermuten Folgendes: Ihr Sohn und Simon sind Freunde, wahre Freunde. Ihr Sohn war mit Simon allein in dem Raum. Einer musste das Geld gestohlen haben. Er glaubte vermutlich, sein Freund habe das getan, da er selbst es ja nicht war. Das wusste er. Sein Freund aber ist von beiden der talentiertere, er singt schon Soloparts. Er wollte wohl nicht, dass seine vielversprechende Karriere ein so jähes Ende nimmt. Für ihn opferte er sich. Wir sind stolz, wenn er zu uns zurückkommt.

SOHN *steht auf und wendet sich an die Runde*: Vertrauen und Freundschaft sind eine wichtige Voraussetzung für ein gutes Zusammenleben. Habt ihr mir den Diebstahl wirklich zugetraut?

Fotos von Gott

Thema: Gottesbegegnungen
Personen: Professor, Studenten: Emma, Stefan, Sarah, Milan
Kulisse: Seminarraum, Fotomappen, Beamer
Während des Vortrags werden, wenn möglich, die Fotos mit dem Beamer auf einer Leinwand gezeigt.

PROFESSOR: Ich habe euch vor zwei Wochen den Auftrag erteilt, Fotos von Gott zu machen. Nun bitte ich euch, die Ergebnisse vorzustellen. Emma, bitte!

EMMA: Ich bin in ein Gotteshaus gegangen. Ich glaubte, dort würde ich am ehesten Bilder vom Allmächtigen finden. Zuvor fotografierte ich die Krippe meiner Großeltern. Sie ist sehr schön, besonders der alte Stall. An den Bildtafeln des alten Holzaltars in unserer Kirche wurde ich fündig. Dort fand ich den zwölfjährigen Jesus im Tempel mit den Gelehrten im Gespräch, und wie Jesus den Blinden sehend machte. Auf der nächsten Tafel ließ Jesus den Gelähmten wieder gehen, sprach er mit den Kindern und besuchte einen Zöllner. Auf dem Kreuzweg nahm ich Bilder auf, wie Jesus zum Tod verurteilt wurde, sein Kreuz tragen musste und auf Golgota daran genagelt wurde. Ich machte eine Großaufnahme des Leidenden und Sterbenden, dann Bilder vom auferstandenen und glorreichen Jesus, der den Tod besiegt hat.

PROFESSOR *erhebt sich:* Emma, danke für Ihre beeindruckende Arbeit. Und nun zu Ihnen, Stefan.

STEFAN: Ich sagte mir, ich müsse den Allmächtigen finden in seinen Werken, in der Natur. Ich nahm ein Weitwinkelobjektiv und fotografierte zunächst einmal ein Getreidefeld und eine Sommerwiese, um die unendliche Größe Gottes zu demonstrieren. Dann bildete ich mit einem Teleobjektiv einen Regentropfen auf einer Blüte ab. Es spiegelte sich das Sonnenlicht darin. Ich fotografierte einen Fliegenpilz im Schatten einer Birke, fand zwischen zwei Felsen einen Schmetterling, ein Pfauenauge, mit weit ausgebreiteten Flügeln, sah eine Ricke mit ihrem Kitz am Waldrand. Dann flatterte vor meiner Linse ein Dompfaff gegen den blauen Himmel. So fand ich in der Natur die Schönheit Gottes.

PROFESSOR: Vielen Dank, Stefan. Nun sind Sie an der Reihe, Sarah.

SARAH: Mir fiel die Bibelstelle in der Genesis ein, in der geschrieben steht: »Gott schuf den Menschen nach seinem Bilde, nach seinem Bilde schuf er ihn. Als Mann und Frau schuf er sie« (Gen 1,27). Ich verstand es als einen Fingerzeig. Ich sagte mir, ich muss Gott in den Gesichtern der Menschen sehen, ihn finden bei Hell- und Dunkelhäutigen, im süffisanten Schmunzeln einer Greisin und im glückseligen Lachen ihrer Enkelin, in den strahlenden Augen von Verliebten und im sorgenvollen Blick eines Arbeitslosen. Ich sagte mir, Gott hat viele Gesichter.

PROFESSOR: Vielen Dank, Sarah. Und nun zu Ihnen, Milan.

MILAN: Ich sah, wie meine Tochter ihre Arme meiner Frau liebevoll um den Hals legte zum Gute-Nacht-Kuss und dachte mir: Wir sehen Gott, wenn wir Menschen uns unsere Liebe zeigen, auch unsere Nächstenliebe im Tun füreinander. Daher fotografierte ich Menschen, die für ihren Nächsten da waren. Jemand, der Oma Gertrud beim Entladen ihres Autos half. Ich nahm Männer der Müllabfuhr auf, die ihrer täglichen Arbeit nachgingen. Eine Krankenschwester, die geduldig einem Greis Suppe einflößte; einen Pfleger, der einen Bettlägerigen wusch; einen Seelsorger, der einfühlsam einen Sterbenden tröstete; einen Spender, der einem Bettler ein Almosen in den Hut warf. Mir wurde klar: Ich sehe Gott überall, in jedem, der die Forderung seines Sohnes erfüllt, füreinander da zu sein.

PROFESSOR: Und wer nun hat Gott fotografiert?

ALLE *einstimmig*: Jeder. Überall ist Gott zu spüren, zu fühlen, zu sehen.

Ein Engel mehr

Thema: Hoffnung über den Tod hinaus
Personen: Sprecherin, Herr Gerber, Bettlägeriger (der alte Heinrich), Bauer, Bürgermeisterin, Landwirt, Unbekannter, Statisten
Kulisse: Krankenbett

SPRECHERIN: Der alte Heinrich liegt auf dem Sterbebett. Viele Bewohner des Dorfes haben sich versammelt, um Abschied zu nehmen. Jeder will seine knorrigen Hände noch einmal drücken, ihm über die eingefallenen Wangen streicheln, ihm zulächeln.

HERR GERBER: Ohne deine Hilfe hätte ich mein Häuschen zu bauen nicht geschafft. Stundenlang hast du Speis angerührt, Steine geschleppt und Wände gemauert.

LANDWIRT *tritt ans Bett*: Ohne deinen Beistand wäre mir so manche Ernte nicht gelungen. Deine fleißigen Hände haben stets geholfen, das Getreide rechtzeitig einzufahren.

BAUER: Mein Stall war oft dein Zuhause. Du hast ihn ausgemistet, die Kühe gefüttert und gemolken.

BÜRGERMEISTERIN: Du hast das Dorf gereinigt von Unrat und weggeworfenem Papier. Im Herbst hast du die Blätter zusammengefegt, im Winter Schnee geschoben – und das nicht nur vor deinem Haus.

UNBEKANNTER: Du bist die gute Seele des Dorfes. Geld hast du für deine Hilfe nie genommen, nicht einen Cent.

BETTLÄGERIGER: Ich wusste, ihr würdet euch auf eine andere Art und Weise bedanken. *Er lacht vergnügt.*

SPRECHERIN: Von jedem hast du dich gern in die Kneipe auf ein Bier einladen lassen. Eine gemütliche Runde schätztest du sehr.

BAUER: Auch zu allen anderen Feiern, ob Taufe oder Jubiläum, Kommunion oder Konfirmation, aber auch zu Hochzeiten und Beerdigungen, besonders zu dem anschließenden Kaffeetrinken bist du gern gekommen.

LANDWIRT: Du warst immer ein gern gesehener Gast. Mit deinem Frohsinn sorgtest du stets für gute Stimmung.

SPRECHERIN: Heinrich, können wir dir noch einen letzten Wunsch erfüllen?

BETTLÄGERIGER *richtet sich auf*: Legt mir in meinen Sarg einen Löffel!

Alle lachen.

BAUER: Heinrich, du bist und bleibst ein Spaßvogel.

BETTLÄGERIGER: Ich meine das ernst. Ich habe gelernt, wenn Messer und Gabel abgeräumt wurden, war das Mahl vorbei. Wenn ich aber den Löffel behalten durfte, gab es immer noch etwas Besonderes. Wenn ich auch schon bald den Löffel abgeben muss, so will ich doch daran glauben, dass mich noch etwas Besonderes erwartet.

Alle Umstehenden: Im Himmel gibt es bald einen Engel mehr.

Füreinander – Miteinander

Themen: Gemeinschaft, Weihnachten
Personen: älterer Mann, junge Frau, älteres Ehepaar, türkisches Ehepaar (Frau mit Kopftuch), ältere Dame in festlichem Kleid, beleibter Herr mit Gitarre; die Mitglieder des Kirchenchors (zunächst im Hintergrund)
Kulisse: Tisch, mehrere Stühle

ÄLTERER MANN *sitzt allein am Tisch*: Manchmal bereut man, dass man sich geoutet hat, dass man anderen einen tiefen Einblick in seine Seele gewährte. Ich habe doch ans Schwarze Brett in unserem Mietshaus geschrieben: »Bin am Heiligen Abend ganz allein und würde mich freuen, wenn mir jemand Gesellschaft leistet. Denn selbstgebackene Plätzchen schmecken doppelt so gut, wenn man sie mit anderen teilt.«

Es schellt.

JUNGE FRAU *tritt an den Tisch und stellt eine Schale mit Nüssen darauf. Sie setzt sich.* Mein Mann hat mich vor ein paar Wochen verlassen. Wir sind kinderlos und ich freue mich über Ihre Einladung. Jetzt fühle ich mich wenigstens nicht mehr so allein.

Es klopft.

ÄLTERES EHEPAAR *tritt ein. Er stellt eine Flasche Rotwein auf den Tisch. Während sie sich setzen, sagt er:* Ein guter Tropfen gehört zum Gebäck. Wir sind an den Weihnachtstagen allein. Unsere Kinder feiern mit ihren Familien. Darum haben sie seit langem keine Zeit für uns. Wir freuen uns, bei euch zu sein. Von ganzem Herzen!

FRAU MIT EINEM FESTLICHEN KLEID *tritt ein, legt ein paar Strohsterne auf den Tisch:* Ich stehe alle Feiertage am Fenster und warte auf meine Kinder. Bisher vergeblich. Die Hoffnung aber stirbt zuletzt. Die Einsamkeit drückt sehr aufs Gemüt.

TÜRKISCHES EHEPAAR *tritt ein, stellt einen Teller mit Köfte in die Mitte.*

SIE: Wir sind Muslime. Aber euer Weihnachtsfest ist etwas Besonderes, das wir gern mit euch feiern möchten.

ER: Dürfen wir dabei sein?

ALLE: Nur herein!

BELEIBTER HERR *kommt mit Gitarre dazu:* Lasst uns zusammen Weihnachten feiern. *Er spielt Weihnachtslieder, alle singen oder summen mit.*
Der Raum füllt sich mit den Chormitgliedern. Sie animieren die Gemeinde, mitzusingen. Dann beginnt der Gottesdienst. Am Ende des Gottesdienstes singen alle mit einer Kerze in der Hand »Stille Nacht«.

Millionen Mal

Thema: Weihnachten
Personen: Mutter, Vater, Oma, Opa, Onkel, Tante, Patentante, Patenonkel, fünfjähriger Emil
Kulisse: Wohnzimmer, gedeckter Tisch, Geburtstagsgeschenke

Die Gäste sitzen im Wohnzimmer.
Der Vater tritt mit dem Geburtstagskind Emil ein.

VATER *legt seinem Sohn die Hand auf die Schulter:* Er ist mein ganzer Stolz, mein Emil, und heute wird er fünf Jahre alt.

EMIL: Hallo, ich freue mich, dass ihr alle gekommen seid! Danke!

VATER: Emil kann schon schwimmen, Fahrrad fahren und schreiben.

EMIL *schreibt EMIL, MAMA und PAPA auf ein Stück Papier und hält es hoch.*

Alle klatschen.

MUTTER *überreicht ihr Geschenk:* Emil, schau, die Fahrradtasche, die du dir für unsere großen Ausflüge gewünscht hast.

VATER: Da ist auch eine kleine Werkzeugtasche dabei für einfache Reparaturen unterwegs.

ONKEL *überreicht einen Ball:* Von mir bekommst einen Fußball, damit du mit deinen Freunden spielen kannst.

EMIL: Danke! Vielen Dank!

OMA: Von Opa und mir bekommst du eine neue Spielesammlung, schöner als deine alte.

PATENTANTE: Ich schenke dir eine Armbanduhr. Deine Mutter hat mir verraten, dass du die Uhrzeit schon lesen kannst.

VATER: Komm, ich helfe dir, deine Geschenke in dein Zimmer zu tragen. Du kannst gleich damit spielen.

Der Sohn bedankt sich nochmal bei allen.

Vater und Sohn verlassen die Bühne.

Die Gäste prosten einander zu.

VATER *kommt kurze Zeit später zurück:* Wir haben uns so lange nicht mehr gesehen und haben uns bestimmt viel zu erzählen. Wir zum Beispiel wollen in den Sommerferien mit den Rädern an die Ostsee fahren.

MUTTER: Im nächsten Jahr soll es dann ein größerer Urlaub werden.

OPA: Wir gönnen uns dieses Jahr eine Kreuzfahrt zu den Kanarischen Inseln.

OMA: Und wollen uns einmal so richtig verwöhnen lassen.

ONKEL: Wir werden mit unserem Wohnmobil eine Skandinavien-Tour machen.

TANTE: Die einmalige Landschaft, die grandiosen Fjorde und die oft noch unberührte Natur erleben.

PATENTANTE: Wir besuchen Freunde am Bodensee. Sie haben dort ein Boot.

PATENONKEL: Ich freue mich riesig auf die Segeltouren.

Es wird viel gelacht, gegessen und getrunken. Alle reden miteinander. Unverständliches Gemurmel.

TANTE *schaut auf die Uhr*: Für einen Kindergeburtstag ist es aber spät geworden.

Die Gäste verabschieden sich von den Eltern und verlassen die Wohnung.

Der Sohn kommt weinend aus seinem Zimmer.

VATER: Warum weinst du denn? Wir haben doch so schön deinen Geburtstag gefeiert. Es war so eine gemütliche Runde.

EMIL: Ja, ihr habt gefeiert. Ich hatte nicht einmal eine Nebenrolle.

VATER: Das stimmt doch gar nicht.

Mutter *nimmt ihren Sohn in den Arm:* Er hat recht.
Und das wiederholt sich Millionen Mal, jedes Jahr, jedes Jahr zu Weihnachten.

Gelebte Botschaft der Krippe

Themen: Weihnachten, Geschwisterlichkeit
Personen: Eine Sprecherin, zwei Männer
Kulisse: Wohnstube mit Hausaltar; Spotlight;
            Dürers »Betende Hände« als Poster oder Projektion

SPRECHERIN: Es geht um eine Zeichnung, die bis heute für alle Zeiten von einer innigen Brüderlichkeit zeugt. Sie belegt, dass die Botschaft der Krippe gelebt wurde.

Der Raum wird beleuchtet.

1. MANN: Mein Name ist Albert Dürer. *Er zeigt auf den zweiten Mann:* Das ist mein Bruder Albrecht. Unsere Familie war bettelarm. Alle mussten hart arbeiten, um zu überleben. Da blieb keine Zeit für andere Dinge. Mein Bruder und ich aber träumten davon, neben der harten Arbeit im Bergwerk etwas Künstlerisches tun zu können.

2. MANN: Das Geld für ein Studium aber war nicht vorhanden. Nach langen Überlegungen und heftigen Diskussionen beschlossen wir, das Schicksal entscheiden zu lassen und eine Münze zu werfen. Der Verlierer sollte weiterhin im Bergwerk schuften, um dem anderen das Studium an der Akademie zu ermöglichen.

1. MANN: Wir losten, ich verlor und akzeptierte das Urteil. Mein Bruder aber ging in die Welt. Albrecht versprach mir, wenn er sein Studium beendet habe, werde er das meine finanzieren.

2. MANN: Ich reiste bald durch ganz Europa und verbesserte meine Fertigkeiten, steigerte meine malerischen und zeichnerischen Techniken. Ich war schon bald so gut, dass ich mit meinen Arbeiten ein wenig Geld verdiente. Nach vier Jahren meiner Reisezeit war ich froh, mein Versprechen meinem Bruder gegenüber einzulösen und ihm dies als Geschenk zu Weihnachten zu machen.

1. MANN: Als er heimkam, saß ich vor dem Hausaltar und betete.

2. MANN: Ich stürzte herein und sagte: »Bruder, du bist an der Reihe, jetzt kannst du deinen Traum verwirklichen. Jetzt werde ich für dich sorgen.« Mein Bruder schwieg, antwortete nicht, versunken im stillen Gebet. Seine gefalteten Hände brachten mich dazu, eine Skizze anzufertigen.

1. MANN: Langsam drehte ich mich um und sagte: »Dein Geschenk kommt zu spät.« Dann zeigte ich ihm meine Hände und sagte: »Die Finger sind mir bei der schweren Arbeit mehrfach gebrochen worden. Sie sind verkrüppelt und ich bin nicht in der Lage, ein Glas zu halten, geschweige denn einen Pinsel zu führen.«

Das Bild »Die Betenden Hände« wird angestrahlt.

Die beiden Männer stehen auf und umarmen einander.

1. MANN: Lass uns zusammen Weihnachten feiern. Ich habe in all den Jahren nie mit dem Schicksal gehadert, habe mich in Gottes Willen gefügt. Und war für dich der gute Weihnachtsmann, der jeden Tag ins Bergwerk gegangen ist. Ich hätte der Welt nie das geben können, was du ihr gegeben hast.

Die beiden Männer fassen sich an den Händen und gehen auf die Zuschauer zu.

SPRECHERIN: Fasst auch ihr euch an den Händen als Zeichen des Füreinanders, des Miteinanders und der Geschwisterlichkeit.

Ihm hättest du helfen können

Themen: Weihnachten, Nächstenliebe
Personen: vier Frauen, zwei Ehepaare, eine Pastorin
Kulisse: Stuhlkreis

Die Frauen und die Ehepaare sitzen sich gegenüber.

1. FRAU: Ich bin froh, dass Frau Pastorin Kramer vor Wochen die Adventsrunde ins Leben gerufen hat.

2. FRAU: Es ist ein gemütlicher Kreis geworden mit viel Lachen, netten Gesprächen und leckeren Köstlichkeiten.

3. FRAU: Ich finde es schön, dass wir nicht nur Adventslieder singen, sondern dass Frau Kramer uns immer auch eine Geschichte erzählt, die wir dann zuhause unseren Kindern und Enkelkindern weitergeben können.

4. FRAU: Ich erinnere mich noch gern an die letzte von Belkize Berisha, von allen nur Beli genannt. Sie war mit acht Jahren aus dem Kosovo gekommen, verwundet und misshandelt, von ihren Feinden psychisch wie physisch gezeichnet. Sie konnte kein Wort Deutsch und wurde trotzdem einfach in eine 3. Klasse eingeschult.

1. FRAU: Heute, mit 20 Jahren, spricht sie nicht nur Albanisch und Deutsch, auch Serbisch, Bosnisch, Hindi, Kurdisch und

Syrisch. Gelernt hat sie die Sprachen in den Asylantenheimen, in denen sie mit ihrer Familie lebte.

3. FRAU: Das Sprachgenie ist mit 20 Jahren am Heiligabend von heute auf morgen Mutter geworden.

Alle lächeln.

3. FRAU: Haha, Spaß!

4. FRAU: Einen Tag vor Heiligabend wurde in das Flüchtlingsheim ein Junge eingewiesen. Er war völlig verschüchtert. Mit angezogenen Beinen, den Kopf auf den Knien, saß er in einer Ecke auf dem Boden und sagte kein Wort. Am nächsten Tag, am Heiligabend, redete Beli ihn in seiner Muttersprache an. Das Kind reagierte sofort, es hob den Kopf, und ein scheues Lächeln huschte über sein Gesicht. Beli legte den Arm um ihn und er umarmte die Unbekannte herzlich.

1. FRAU: Sie nahm den Jungen mit nach Hause und feierte mit ihm Weihnachten. So war sie über Nacht Mutter geworden.

PASTORIN *setzt sich in den Kreis:* Heute möchte ich euch eine andere Geschichte des Miteinanders erzählen, die von zwei Jungen, Noah und Elias, handelt. In den frühen Morgenstunden joggen die beiden hintereinander am Meer entlang auf dem schmalen Streifen des Strandes, den das Kommen und Gehen der Wellen gut begehbar gemacht hat. Plötzlich bleibt Noah, der seinem Freund folgt, stehen, bückt sich und befreit einen Käfer aus einer misslichen Lage. Eine Welle hatte den Winzling auf seinen

Rücken geworfen und nun strampelte er um sein Leben. Der Gute hebt ihn auf, setzt ihn wieder auf seine Füße, sodass er sich in Sicherheit bringen kann. Noah fragt seinen Freund: »Hast du den Käfer nicht gesehen?« »Ja«, ist die kurze Antwort. Noah will wissen: »Und warum hast du ihm nicht geholfen?« Elias antwortet nur: »Ich hätte viel zu tun, wenn ich jedem helfen würde.« »Das stimmt«, sagt Noah, »jedem kann man nicht helfen. Diesem aber hättest du helfen können.«

In der Runde herrscht betretenes Schweigen, dann Gemurmel.

1. EHEMANN: Das ist keine schöne Weihnachtsgeschichte. Die kann ich nicht zuhause meinen Kindern und Enkeln erzählen.

2. EHEMANN: Es kommt ja gar nicht das Christkind, die Krippe, der Stall, irgendetwas Weihnachtliches darin vor.

1. EHEMANN: Es ist eine schöne Geschichte, ja, aber sie hat nichts mit der Geburt Jesu zu tun. Sie hat nichts Weihnachtliches.

2. EHEMANN: Ich stimme dir zu, das ist wirklich keine Weihnachtsgeschichte.

Allgemeines Gemurmel der Zustimmung ist zu vernehmen.

PASTORIN *schaut lange in die Runde und erklärt*: Mit der Geburt Jesu ist eine neue Zeit angebrochen, eine Zeit der Nächstenliebe. Allen Menschen, ob groß oder klein, jung oder alt, egal welcher Hautfarbe, jedem, der meine Hilfe braucht, soll ich meine Nächstenliebe schenken. Sie beginnt bei deinem Nächsten, deinem Bruder oder deiner Schwester, deinen Freunden und Nachbarn oder deinem Bekanntenkreis, ob nah oder fern. Erzählt euren Kindern von der neuen Zeit!

Jesus ist unser Bruder geworden

Thema: Weihnachten
Personen: vier Hirten, Projektleiter
Kulisse: Nachtlager aus Decken und Strohballen

Hirten erheben sich von ihren Decken.

1. HIRTE: Kommt, wir machen uns auf den Weg nach Betlehem, um das Kind zu suchen.

2. HIRTE *steht auf:* Der Messias ist geboren, den die Propheten als Retter der Welt verkündet haben.

3. HIRTE: Er soll leicht zu finden sein, denn er soll in Windeln in einer Krippe liegen.

4. HIRTE: Matthias, lass den Text mit den Windeln weg! Dies ist ein feierlicher Gottesdienst und die Windeln haben einen schlechten Beigeschmack. Kann den einen oder anderen auf blöde Gedanken bringen.

Zustimmendes Gemurmel.

2. HIRTE: Stimmt, so machen wir es. Ein guter Vorschlag.

1. HIRTE: Matthias, sag einfach: »Ihr werdet ein Kind finden, das in einer Krippe liegt.« Das genügt!

4. Hirte: Im Evangelium aber steht geschrieben: »Ihr werdet ein Kind finden, das in Windeln liegt.« Lukas, der Evangelist, muss sich doch etwas dabei gedacht haben.

1. Hirte: Was soll er sich schon gedacht haben? Man sagt das eben so. Babys tragen halt Windeln.

2. Hirte: Lasst uns mit der Probe unseres Theaterstückes fortfahren.

Projektleiter *nähert sich der Gruppe und erklärt:* Lukas, der uns das Weihnachtsevangelium überliefert hat, hat sich schon etwas dabei gedacht. Er hat den Zusatz, den ihr streichen wollt, bewusst gewählt. Er will uns damit sagen: Gott ist Mensch geworden wie jeder von uns, mit all unseren Gegebenheiten und Befindlichkeiten. Er hat keine Sonderrolle, keine Privilegien. Er ist Mensch – ganz Mensch.

Alle nicken zustimmend.

Geschichten zu den Spielstücken

Viele dieser Spielstücke gibt es auch als Geschichten zum Lesen und Vorlesen. Hier sind die Fundorte:

Heribert Haberhausen
Das Staunen bewahren
Weihnachtsgeschichten für heute
ISBN 978-3-8436-1398-9
Patmos Verlag

Heribert Haberhausen
Unvergessliche Weihnacht
Geschichten zum Vorlesen
ISBN 978-3-7966-1847-5
Schwabenverlag

Heribert Haberhausen
Aber unglaublich wahr
Weisheitsgeschichten zum Vorlesen
ISBN 978-3-7966-1869-7
Schwabenverlag

9 Das ist Beten: Das Staunen bewahren (»Beten heißt …«)
11 Gehalten – immer: Das Staunen bewahren (»Auf und ab«)
13 Dominosteine: Unvergessliche Weihnacht
   (»Dominosteine der Nächstenliebe«)

16 Füreinander da sein: Das Staunen bewahren
(»Wenn ihr nicht werdet wie die Kinder«)
19 Christ sein: Unvergessliche Weihnacht
(»Nächstenliebe, das Gebot der Krippe«)
24 Flügel verleihen: Aber unglaublich wahr
(»Flügel verleihen«)
26 Ein Auge zudrücken: Das Staunen bewahren
(»Ein großzügiges Weihnachtsgeschenk«)
32 Antenne zur Außenwelt: Das Staunen bewahren
(»Bergmanns Wunder der Weihnacht«)
35 HAB LIB: Das Staunen bewahren (»Ein Kardinalfehler«)
38 Nicht auf Lager: Das Staunen bewahren
(»Nicht im Sortiment«)
47 Für immer und ewig: Das Staunen bewahren
(»Hält ewig«)
50 Sie können stolz sein: Das Staunen bewahren
(»Test bestanden«)
52 Abstand vom Alltagsgeschehen: Aber unglaublich wahr
(»Das Auge des Wirbelsturms finden«)
57 Sag niemals nie: Unvergessliche Weihnacht
(»Das Würstchen mit den drei Enden«)
65 Fotos von Gott: Das Staunen bewahren (»Fotos von Gott«)
71 Füreinander – Miteinander: Das Staunen bewahren
(»In Gemeinschaft leben«)
77 Gelebte Botschaft der Krippe: Das Staunen bewahren
(»Die betenden Hände«)
80 Ihm hättest du helfen können: Das Staunen bewahren
(»Doch eine Weihnachtsgeschichte«)
84 Jesus ist unser Bruder geworden: Das Staunen bewahren
(»Er ist unser Bruder«)

Geschichten zum Vorlesen

Heribert Haberhausen
Aber unglaublich wahr
*Weisheitsgeschichten zum Vorlesen
für Gemeindearbeit, Gottesdienste
und Seniorengruppen*

Mit einem Vorwort von
Willi Hoffsümmer
13 x 21,3 cm, ca. 192 Seiten
Hardcover mit Leseband
ISBN 978-3-7966-1869-7

Rund 60 Geschichten aus den Bereichen »Ratschläge befolgen«, »Zufriedenheit erlangen«, »Menschlichkeit leben«, »Christsein beweisen« und »Vorbildern folgen« bringen Lebensweisheit auf den Punkt, unterhalten und inspirieren. Sie eignen sich zum Vortragen überall dort, wo Menschen gern eine gute Geschichte hören. Ein eigenes Verzeichnis gibt Auskunft über Inhalte und Lesedauer (die kürzeste dauert ca. eine Minute, die längste ca. sieben Minuten).

www.schwabenverlag-online.de